AF245657

CANTIQUES

POUR

LE JUBILÉ,

Augmentés du Veni Creator , du
Miserere Mei, des Litanies des
Saints et du Te Deum Laudamus.

À MONTPELLIER,
VIRENQUE, Libraire, rue Baralerie.
1826.

CANTIQUES

POUR

LE JUBILÉ.

SUR LE JUBILÉ.

Sur l'Air : *Belle, vous languirez toujours.*

Voici, Chrétiens, le temps heureux ;
Voici la précieuse année,
Où le Ciel accorde à nos vœux
Une douce rosée.
Venez, Pécheurs, puiser abondamment
Dans le trésor des Indulgences,
Dequoi payer entièrement
Pour vos plus grandes offenses.

Vous aviez par mille forfaits
Du Ciel mérité la vengeance :
Il vient par de nouveaux bienfaits
Vous montrer sa clémence.
Dans ces saints jours le Dieu de charité ,
Cédant les droits de sa justice,

Vous fait sentir que sa bonté
Surpasse votre malice.

Ne croyez pourtant pas , Pécheurs ,
De pouvoir gagner l'Indulgence ,
Si vous n'imprimez dans vos cœurs
L'esprit de pénitence.
Par vos regrets , vos larmes , vos soupirs ,
De Dieu désarmez la colère ;
Changez de mœurs et de désirs ,
Il ne sera plus sévère.

Quand la trompette dans Sion.
Annonçait les jours jubilaires ,
Tous rentraient en possession
Des biens héréditaires
Plus de captifs , ni plus de débiteurs ,
L'amnistie était générale ;
Chacun voyait de ses malheurs
Tarir la source fatale.

L'ancienne Loi nous a tracé
Cette figure naturelle
Des grands biens que le Jubilé
Procure à la nouvelle.
Tous les captifs vont être délivrés ;
Des enfers les portes fermées ;
Tous les péchés sont pardonnés ,
Toutes les dettes payées.

Vous, qui vivez dans les travaux ,
Pauvres qui souffrez l'indigence ,
Commencez à rendre vos maux
Dignes de récompense.
Si vous suivez dans ces jours de pardons
La voix de Dieu, qui vous appelle ,
Il fera briller sur vos fronts
Une couronne immortelle.

Riches , qui bornez vos désirs
A mettre ici-bas vos délices ;
Pensez qu'après les grands plaisirs
Suivront de grands supplices.
Tant de péchés que vous avez commis ,
Voulez-vous que Dieu vous pardonne ?
De Daniel suivez l'avis ;
Rachetez-les par l'aumône.

Faites , Seigneur , que vos bontés
Ne trouvent plus mon cœur rébelle ,
Qu'aux grâces que vous présentez
Je me rende fidelle.
Ne laissez pas votre ouvrage imparfait ,
Ayant pardonné mon offense ,
Ajoutez à ce grand bienfait
Le don de persévérance.

AUTRE.

Jadis l'impiété, de forfaits surchargée ,
Triomphante , et partout en sagesse érigée.
Sur nos Autels détruits marchait impunément.
Ses Soldats, du Très-haut vainqueurs imaginaires ,
Par leurs blasphêmes téméraires ,
Annonçaient aux Mortels leur gloire d'un moment.

Mais tu l'as demandé, leur rage est assoupie ;
Grand Dieu ! tu veux confondre et non perdre l'impie ;
Fais triompher ta loi ; renais, temps précieux.
O temps ! où de la grâce ouvrant la source immense ,
Durant deux saisons de clémence ,
Ton Église élargit l'étroit sentier des Cieux !

Eh bien , sages d'un jour ! ces temps viennent d'éclore ;
Demandez au Seigneur où sa loi règne encore :
La loi du Tout-Puissant fleurit dans nos cités ;

Elle charme vos fils, elle enchaîne vos femmes;
     Elle vit même dans vos âmes,
Dont l'orgueil déïcide étouffait les clartés.

  Sitôt qu'aux champs de l'air l'œil du jour étincelle,
Sur les pas de la Croix qui marche devant elle,
Toute une nation, les enfans, les vieillards,
Les vierges, les époux, les jeunes gens, leurs maîtres,
     Conduits en ordre par nos prêtres,
Du nom de l'Éternel remplissent nos remparts.

  Mais, que vois-je ! où vont-ils ces fils de la victoire,
Ces guerriers mutilés, chargés d'ans et de gloire,
Restes d'hommes, jadis l'effroi de nos rivaux ?
Pourquoi ce front baissé, ces bras dépouillés d'an
     Pourquoi ces prières, ces larmes,
Et ces chefs pénitens qui suivent leurs drapeaux ?

  O ferveur ! ô d'un Dieu triomphe mémorable !
Pleins de la même foi que ce peuple innombrable,
Dans cet humble appareil implorant ta pitié,
Seigneur, ils vont t'offrir, pour calmer tes vengeances,
     Et leurs lauriers et les souffrances
D'un corps dont le tombeau possède la moitié.

  Ciel ! quel vaste concours ! agrandissez-vous Temples
Peuples, prosternez-vous : soleil qui les contemples.
Éclaireras-tu jamais de spectacles plus saints ?
Torrens des airs, craignez d'interrompre ces fêtes,
     Taisez-vous foudres et tempêtes ;
Jours de paix, levez-vous toujours clairs et sereins !

  Tu peux, enfin, cesser tes plaintes maternelles;
Sion, quitte ce deuil, vois tes enfans rebelles,
Dans ce temps de pardon, revoler dans tes bras :
Tout marche, tout fléchit sous ta loi fortunée ;
     Et l'impiété détrônée
Cherche où fut son empire, et ne le trouve pas.

AUTRE.

Air : *Combien triste est mon sort !*

Du père des Chrétiens la voix sainte et touchante
Déjà s'est faite entendre au loin de l'univers ;
Et l'église envers nous, mère tendre et puissante,
Ouvre par lui le sein de ses trésors divers.

Dieu n'use point toujours des droits de sa vengeance
Ce n'est qu'avec regret qu'il se montre irrité ;
Et tous les temps pour lui sont des temps de clémence,
Quand un pécheur contrit recourt à sa bonté.

C'est en ces jours surtout de grâce et de lumière,
Que sa miséricorde étale tous ses traits ;
Que son cœur paternel remplit la terre entière,
De ses plus riches dons, de ses plus grands bienfaits.

Son sang divin versé pour la rançon du monde,
N'a point perdu son prix, sa force, sa valeur ;
Et pour nous coule encor cette source féconde,
Qui de tous les forfaits efface la noirceur.

O vous ! que du péché la chaîne criminelle
Captive sous le joug du monde et des enfers,
Courez entre ses bras, sa bonté vous appelle,
Pour guérir tous vos maux et rompre tous vos fers.

L'aveu de ses excès humble, simple, et sincère ;
Le vœu d'aimer son Dieu, l'espoir en son saint nom ;
Une douleur de cœur, vive, profonde, amère,
Au plus grand des pécheurs assure le pardon.

Qu'il est doux, qu'il est bon, le bon Dieu qui pardonne !
Il change en passagers d'éternels châtimens ;
Il fait plus dans ces jours : il nous offre, il nous donne
Le moyen d'échapper même aux peines du temps.

Jeûnons, ouvrons nos mains aux maux de l'indigence ;
Prions, selon les vœux du prince des pasteurs ;
Portons au saint banquet l'amour et l'innocence,
Et nous serons exempts des dettes des pécheurs.

Aux grâces du Seigneur ne soyons point rebelles ;
Allons, volons à lui, puisqu'il nous tend les bras :
Peut-être, hélas ! un jour trop long-temps infidèles,
Pourrions-nous le chercher et ne le trouver pas !

O doux Sauveur ! ô Dieu de clémence éternelle !
O vous ! qui seul tenez tous les cœurs dans vos mains !
Touchez, changez le nôtre, et rendez-le fidèle
A recueillir les fruits de vos bienfaits divins !

Daignez encore, Seigneur, de notre Sainte mère (1),
Étendre, maintenir le triomphe à jamais ;
Détruire toute erreur à ses dogmes contraire,
Et lui faire goûter votre céleste paix !

AUTRE.

Air : *Chantez, raisonnez ma musette.*

Venez, chrétiens, à l'indulgence :
  Voici l'heureux jour du salut ;
  Embrassez tous la pénitence ;
Empressez-vous d'arriver à ce but.

  La foi doit vous servir de guide,
  Et l'espoir diriger vos pas,
  Élancez-vous d'un vol rapide,
Un Dieu Sauveur vient vous tendre les bras.

---

(1) L'Église.

Lavez dans le pain salutaire
Toute votre iniquité ;
Vous trouverez au sanctuaire
Le bienfait de la divine bonté.

Le don de la grâce nouvelle
Que le ciel accorde à nos vœux,
Remet la peine temporelle
Que le péché méritait à ses yeux.

Le saint Jubilé nous prépare
Du ciel les plus riches trésors ;
Pour profiter d'un bien si rare,
Il faut que vous fassiez tous vos efforts.

Admirons de Dieu la clémence,
De ses grâces craignons l'abus ;
Il nous les offre en abondance,
Peut-être ne les recevrons-nous plus.

Joignons l'aumône à la prière,
Pour mériter notre pardon ;
C'est une faveur singulière
Que le temps de cet ineffable don.

Changés par un coup de la grâce
Jouissons d'un sort plus heureux,
Et suivons constamment la trace
Du droit chemin qui nous conduit aux cieux.

SENTIMENS DE COMPONCTION,
A l'occasion du Jubilé.

Air : *Femme sensible, etc.*

PARDON, Seigneur, à ce peuple coupable ;
Suspends tes coups, grâce à son repentir ;
Non, ton courroux n'est pas inexorable,
Et pour toujours tu ne veux pas punir. (*bis*).

Venez, chrétiens, en ce jour d'indulgence,
A votre Père avouer vos remords.
Venez, venez ; mais que la pénitence
De sa bonté vous ouvre les trésors.   (*bis*).

Combien de fois, de tes enfans rebelles
As-tu, sans fruit, sollicité l'amour ?
Depuis long-temps tes bontés paternelles
De ces ingrats attendaient le retour.   (*bis*).

Tu les cherchais, et leur indifférence
A ta tendresse a long-temps résisté :
Ils ont osé provoquer ta vengeance ;
Tu leur promets d'implorer ta bonté.   (*bis*).

Efface, ô Dieu ! la trace criminelle
De tant de jours indignes de pardon,
Où le chrétien, pire que l'infidèle,
Brisa son joug et blasphéma ton nom.   (*bis*).

Ton sang, Seigneur, a lavé tous nos crimes ;
Oui, de ce sang nous réclamons le prix :
Ne cherche pas ailleurs d'autres victimes,
Dans tes enfans tu n'as pas d'ennemis.   (*bis*).

A la vertu du sein de la misère,
L'enfant prodigue à la fin ramené :
J'irai, dit-il, j'irai trouver mon père :
Il le retrouve et tout est pardonné.   (*bis*).

SUR L'AUMONE.
Sur un air nouveau.

RACHETONS nos péchés par nos soins charitables ;
Faisons-nous de nos biens un trésor pour les cieux :
Nous ne pouvons devenir misérables,   } *bis*.
Si nous aimons les malheureux.

Écoutons leurs soupirs, prenons part à leurspeine ;

De leur sort affligeant partageons la rigueur ;
Donnons, s'il faut, jusqu'au sang de nos veines, } bis.
Ainsi qu'a fait le Rédempteur.

L'orphelin gémissant à nos yeux se présente,
Tâchons de lui servir et de père et d'appui :
Dieu nous rendra de sa main bienfaisante } bis.
Ce que nous aurons fait pour lui.

Le Sauveur est caché dans ce pauvre qui crie,
Le Sauveur qui, pour nous, a souffert sur la croix ;
Cœurs endurcis, un Dieu même vous prie, } bis.
Et vous seriez sourds à sa voix !

Voyez dans votre frère, un Dieu dans l'indigence,
Manquant également et de pain et d'habit :
Lui refuser de vos soins l'assistance, } bis.
C'est refuser à Jésus-Christ.

De notre charité Dieu garde la mémoire ;
Les biens que nous donnons, ne seront pas perdus :
Ces biens donnés, au séjour de la gloire } bis.
Seront au centuple rendus.

CANTIQUE

Pour *demander à Dieu la persévérance*
après le Jubilé.

Air : *J'entends le bruit fatal ; où, puis-je pour pécher.*

Dieu rempli de bonté,
Vous avez écouté
Les regrets d'un coupable ;
Pour rendre à l'avenir
Son changement durable,
Daignez le soutenir.

Ne permettez jamais
Que de trompeurs attraits
L'entraînent dans le vice.
Que, p·r votre secours,
L'amour de la justice
Règne en lui pour toujours.

Dans ce monde pervers
Mille ennemis divers
Attaquent l'innocence :
Quel est notre malheur !
Souvent notre inconstance
Rend le péché vainqueur,
  Quel déplorable exil !
Toujours être en péril,
Toujours dans les alarmes
Roi souverain des Cieux,
Soyez témoin des larmes
Qui coulent de mes yeux
  Puis-je être sans effroi,
Quand je ne trouve en moi
Qu'une extrème faiblesse ?
Mon Dieu, mon créateur,
Défendez-moi sans cesse
Contre mon propr cœur !
  De quoi peut me servir
Que par mon repentir,
Je sois sorti du vice,
Si , par un nouveau choix,
Pour suivre l'injustice
J'abandonne vos lois ?
  Gardez-moi d'un tel sort :

Ah ! plutôt que la mort
Termine ma carrière !
Tirez-moi d'un séjour,
Où je puis vous déplaire
Et perdre votre amour.
  Vous ne le perdrez plus ,
O bienheureux élus !
Qui possédez la gloire ;
Sans périls désormais,
Sûrs de votre victoire ,
Vous régnez dans la paix.
  Quand viendra l'heureux temps ,
Que sans cesse j'attends ,
Où , délivré de crainte ,
Et sûr de mon bonheur,
Dans sa demeure sainte
Je verrai le Seigneur.
  Plein d'un esprit si doux ,
Je veux n'aimer que vous ,
Mon Dieu, mon tendre père !
Augmentez mon amour,
Et que j'y persévère
Jusqu'à mon dernier jour.

PRIÈRES

POUR LES STATIONS
DU JUBILE.

A l'ouverture du Jubilé, pour implorer l'assistance du Saint-Esprit.

HYMNE.

VENI, Creator Spiritus ;
Mentes tuorum visita ;
Imple supernâ gratiâ
Quæ tu creasti pectora.

Qui Paracletus diceris,
Donum Dei altissimi,
Fons vivus, ignis, charitas,
Et spiritalis unctio.

Tu septiformis munere,
Dextræ Dei tu digitus,
Tu ritè promissum Patris,
Sermone ditans guttura.

Accende lumen sensibus,

6

Infunde amorem cordibus,
Infirma nostri corporis,
Virtute firmans perpeti.

Hostem repellas longiùs,
Pacemque donec protinus :
Ductore sic te prævio,
Vitemus omne noxium.

Per te sciamus da Patrem,
Noscamus atque Filium;
Te utriusque Spiritum
Credamus omni tempore.

Sit laus Patri, laus Filio :
Pars sit tibi laus, Spiritus,
Afflante quo mentes sacris
Lucent et ardent ignibus, Amen.

℣. Emitte Spiritum tuum, et creabuntur;
℟. Et renovabis faciem terræ.

*Pendant la Procession d'ouverture du Jubilé
on chantera à chaque verset*

Parce Domine, parce populo tuo, ne in æternum irascaris nobis.

Pseaume 50.

Miserere mei, Deus, secundùm magnam misericordiam tuam.

Et secundùm multitudinem miserationum tuarum, dele iniquitatem meam.

Ampliùs lava me ab iniquitate mea, et à peccato meo munda me ;

Quoniam iniquitatem meam ego cognosco, et peccatum meum contra me est semper.

Tibi soli peccavi, et malum coram te feci : ut justificeris in sermonibus tuis, et vincas cum judicaris.

Ecce enim in iniquitatibus conceptus sum, et in peccatis concepit me mater mea.

Ecce enim veritatem dilexisti ; incerta et occulta sapientiæ tuæ manifestasti mihi.

Asperges me hyssopo, et mundabor ; lavabis me, et super nivem dealbabor.

Auditui meo dabis gaudium et lætitiam et exultabunt ossa humiliata.

Averte faciem tuam à peccatis meis; et omnes iniquitates meas dele.

Cor mundum crea in me, Deus, et spiritum rectum innova in visceribus meis.

Ne projicias me à facie tua, et Spiritum Sanctum tuum ne auferas à me.

Redde mihi lætitiam salutaris tui, et Spiritu principali confirma me.

Docebo iniqnos vias tuas, et impii ad te convertentur

Libera me de sanguinibus, Deus, Deus salutis meæ, et exultabit lingua mea justitiam tuam.

Domine, labia mea aperies, et os meum annuntiabit laudem tuam.

Quoniam si voluisses sacrificium, dedissem utique; holocaustis non delectaberis.

Sacrificium Deo spiritus contribulatus : cor contritum et humiliatum, Deus, non despicies.

Benignè fae, Domine : in bona voluntate tua Sion, ut ædificentur muri Jerusalem.

Tunc acceptabis sacrificium justitiæ, oblationes et holocausta : tunc imponent super altare tuum vitulos.

Gloria Patri, et Filio, et Spiritui Sancto.

Sicut erat in principio, et nunc et semper, et in sæcula sæculorum. Amen.

LES LITANIES DES SAINTS.

Kyrie, eleïson.
Christe, eleïson.
Kyrie, eleïson.
Christe, audi nos.
Christe, exaudi nos.
Pater de cœlis, Deus, miserere nobis.
Fili, redemptor mundi, Deus, miserere nobis.
Spiritus Sancte, Deus, miserere.
Sancta Trinitas, unus Deus, miserere nobis.
Sancta Maria, ora pro nobis.
Sancta Dei genitrix, ora pro nobis.
Sancta Virgo Virginum, ora.
Sancte Michaël, ora.
Sancte Gabriel, ora.
Sancte Raphaël, ora.
Omnes Sancti Angeli et Archangeli, orate.
Omnes Sancti beatorum spirituum Ordines, orate.
Sancte Joannes Baptista, ora.
Omnes Sancti Patriarchæ et Prophetæ, orat

Sancte Petre, ora.
Sancte Paule, ora.
Sancte Andræa, ora.
Sancte Jacobe, ora.
Sancte Joannes, ora.
Sancte Thoma, ora.
Sancte Philippe, ora.
Sancte Bartholomæe, ora.
Sancte Mathæa, ora.
Sancte Simon, ora.
Sancte Thadæe, ora.
Sancte Matthia, ora.
Sancte Barnaba, ora.
Sancte Luca, ora.
Sancte Marce, ora.
Omnes Sancti Apostoli et Evangelistæ, orat.
Omnes Sancti Discipuli Domini, orate pro n.
Omnes Sancti Innocentes, orate pro n.
Sancte Stephane, ora.
Sancte Laurenti, ora.
Sancte Vincenti, ora.
Sancti Fabiane et Sebastiane, orate.
Sancti Cosma et Damiane, orate.
Sancti Gervasi et Protasi, orate.
Omnes Sancti Martyres, orate.

Sancte Sylvester, ora.
Sancte Gregori, ora.
Sancte Ambrosi, ora.
Sancte Augustine, ora.
Sancte Hieronyme, or.
Sancte Martine, ora.
Sancte Nicolaë, ora.
Omnes Sancti Pontifices et Confessores, orate.
Omnes [Sancti Doctores, orate.
Sancte Antoni, ora.
Sancte Benedicte, ora.
Sancte Bernarde, ora.
Sancte Dominice, ora.
Sancte Francisce, ora.
Omnes Sancti Sacerdotes et Levitæ, or.
Omnes Sancti Monachi et Eremitæ, orat.
Sancta Anna, ora.
Sancta Maria Magdadalena, ora.
Sancta Agatha, ora.
Sancta Lucia, ora.
Sancta Agnes, ora.
Sancta Cæcilia, ora.
Sancta Catharina, ora.
Sancta Anastasia, ora.
Sancta Genovefa, ora.
Omnes Sanctæ Virgines et Viduæ, orate.
Omnes Sancti et Sanctæ Dei, intercedite pro nobis.

Propitius esto, parce nobis, Domine.
Propitius esto, exaudi nos, Domine.
Ab omni malo, libera nos, Domine.
Ab omni peccatto, lib.
Ab irâ tuâ, libera.
A subitaneâ et improvisà morte, libera.
Ab insidiis diaboli, lib.
A irâ et odio, et omni malâ voluntate, lib.
A spiritu fornicationis, libera.
A fulgure et tempestate, libera,
A morte perpetuâ, lib.
A neglectu inspirationum tuarum, libera.
Per mysterium sanctæ incarnationis tuæ, lib.
Per adventum tuum, li.
Per nativitatem tuam, li.
Per baptismum et sanctum jejunium tuum l.
Per crucem et passionem tuam, libera.
Per mortem et sepulturam tuam, libera.
Per sanctam resurectionem tuam, libera.
Per admirabilem ascentionem tuam, libera.
Per adventum Spiritus Sancti Paracleti, l.

In die judicii, libera.
Peccatores, te roga.
Ut nobis parcas, te ro.
Ut nobis indulgeas, te r.
Ut ecclesiam tuam sanctam regere et conservare digneris, te rog.
Ut ad veram pœnitentiam nos perducere digneris, te rogamus
Ut dominum Apostolicum, et omnes ecclesiasticos ordines in sancta religione conservare digneris, te r.
Ut inimicos sanctæ Ecclesiæ humiliare digneris, te rogamus
Ut Regibus et Principibus christianis pacem et veram concordiam donare digneris, te rogamus.
Ut cuncto populo christiano pacem et unitatem largiri digneris, te rogamus.
Ut nosmetipsos in tuo sancto servitio confortare et conservare digneris, te rogamus
Ut mentes nostras ad cœlestia desideria erigas, te rogamus.
Ut omnibus benefactoribus nostris sem

piterna bona retribuas, te rogamus.
Ut animas nostras fratrum, propinquorum et benefactorum nostrorum ab æternâ damnatione eripias te rogamus.
Ut fructus terræ dare et conservare digneris, te rogamus.
Ut sic transeamus per bona temporalia, ut non amitimus æternas, te rogamus.
Ut omnibus Fidelibus defunctis requiem æternam donare digneris, te rogamus.
Ut nos exaudire digneris, te rogamus.
Fili Dei, te rogamus.
Agnus Dei, qui tollis peccata mundi, parce nobis, Domine.
Agnus Dei, qui tollis peccata mundi, exaudi nos, Domine.
Agnus Dei, qui tollis peccata mundi, miserere nobis.
Christe, audi nos.
Christe, exaudi nos.
Kyrie, eleïson.
Christe, eleïson.
Kyrie, eleïson.

CANTIQUE.

TE Deum laudamus, te Dominum confitemur
  Te æternum Patrem * omnis terra veneratùr.
  Tibi omnes Angeli, * tibi cœli et universæ
Potestates ;
  Tibi Cherubim et Seraphim * incessabili
voce proclamant :
  Sanctus , Sanctus, Sanctus,
  Dominus * Deus Sabaoth.
  Pleni sunt cœli et terra * majestatis gloriæ tuæ.
  Te gloriosus * Apostolorum chorus ,
  Te Prophetarum * laudabilis numerus ,
  Te Martyrum candidatus * laudat exercitus.
  Te per orbem terrarum * sancta confitetur
Ecclesia ,
  Patrem immensæ majestatis ;
  Venerandum tuum verum , * et unicum
Filium ;
  Sanctum quoque * paracletum Spiritum.
  Tu Rex gloriæ, * Christe :
  Tu Patris * sempiternus es Filius.
  Tu , ad liberandum suscepturus hominem,
* non horruisti Virginis uterum.
  Tu , devicto mortis aculeo, * aperuisti cre-
dentibus regna cœlorum.
  Tu ad dexteram Dei sedes * in gloria Patris.
  Judex crederis * esse venturus.
  Te ergo quæsumus , famulis tuis subveni,
* quos pretioso sanguine redemisti.
  Æterna fac * cum Sanctis tuis in gloria
numerari.
  Salvum fac populum tuum, Domine , * et
benedic hæreditati tuæ.
  Et rege eos, et extolle illos usque in æternum.

Per singulos dies * benedicimus te ;
Et laudamus nomen tuum in sæculum, *
et in sæculum sæculi.

Dignare, Domine, die isto * sine peccato
nos custodire.

Miserere nostri, Domine, * miserere notri.

Fiat misericordia tua, Domine, super nos,
quemadmodum speravimus in te.

In te, Domine, speravi, * non confundar
in æternum.

Le sieur VIRENQUE vient de faire
graver à Paris, un joli *Souvenir* du
Jubilé, qui se distingue par son exécu-
cution, et ne se vend que 15 c.

De l'Imprimerie de X. JULLIEN.